랄랄라 학교생활 ❹ 학교 안전

학교 안전을 부탁해 (개정판)

2판 1쇄 발행 2024년 9월 10일
글쓴이 이서윤 | **그린이** 홍원표
펴낸이 홍석 | **이사** 홍성우 | **편집부장** 이정은 | **책임편집** 조유진 | **디자인** 권영은 · 김영주
마케팅 이송희 · 김민경 | **제작** 홍보람 | **관리** 최우리 · 정원경 · 조영행
펴낸곳 도서출판 풀빛 | **등록** 1979년 3월 6일 제2021-000055호 | **제조국** 대한민국 | **사용연령** 6세 이상
주소 서울특별시 강서구 양천로 583 우림블루나인 A동 21층 2110호
전화 02-363-5995(영업) 02-362-8900(편집) | **팩스** 070-4275-0445
전자우편 kids@pulbit.co.kr | **홈페이지** www.pulbit.co.kr | **블로그** blog.naver.com/pulbitbooks | **인스타그램** instagram.com/pulbitkids

ISBN 979-11-6172-943-5 74810 | 979-11-6172-561-1(세트)

ⓒ 이서윤, 홍원표

*책값은 뒤표지에 표시되어 있습니다.
*종이에 베이거나 긁히지 않도록 조심하세요. 책 모서리가 날카로우니 던지거나 떨어뜨리지 마세요.
*파본이나 잘못된 책은 구입하신 곳에서 바꿔 드립니다.

랄랄라 학교생활 ❹ 학교 안전

학교안전을 부탁해

이서윤 글 | 홍원표 그림

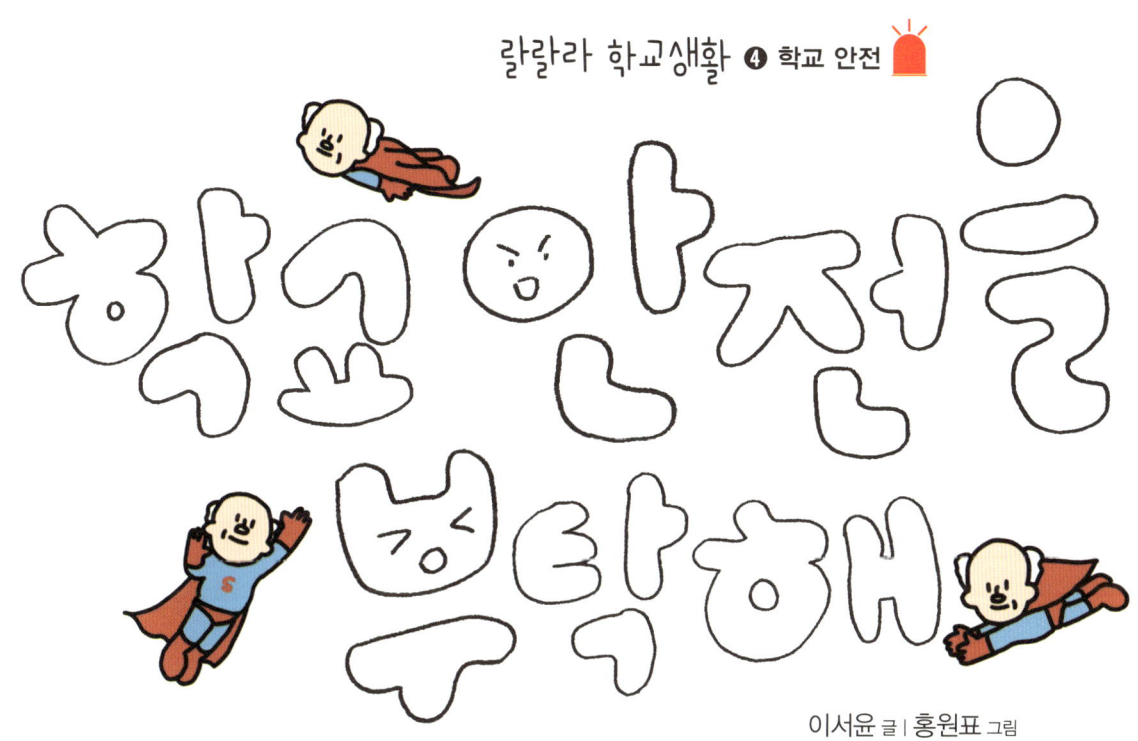

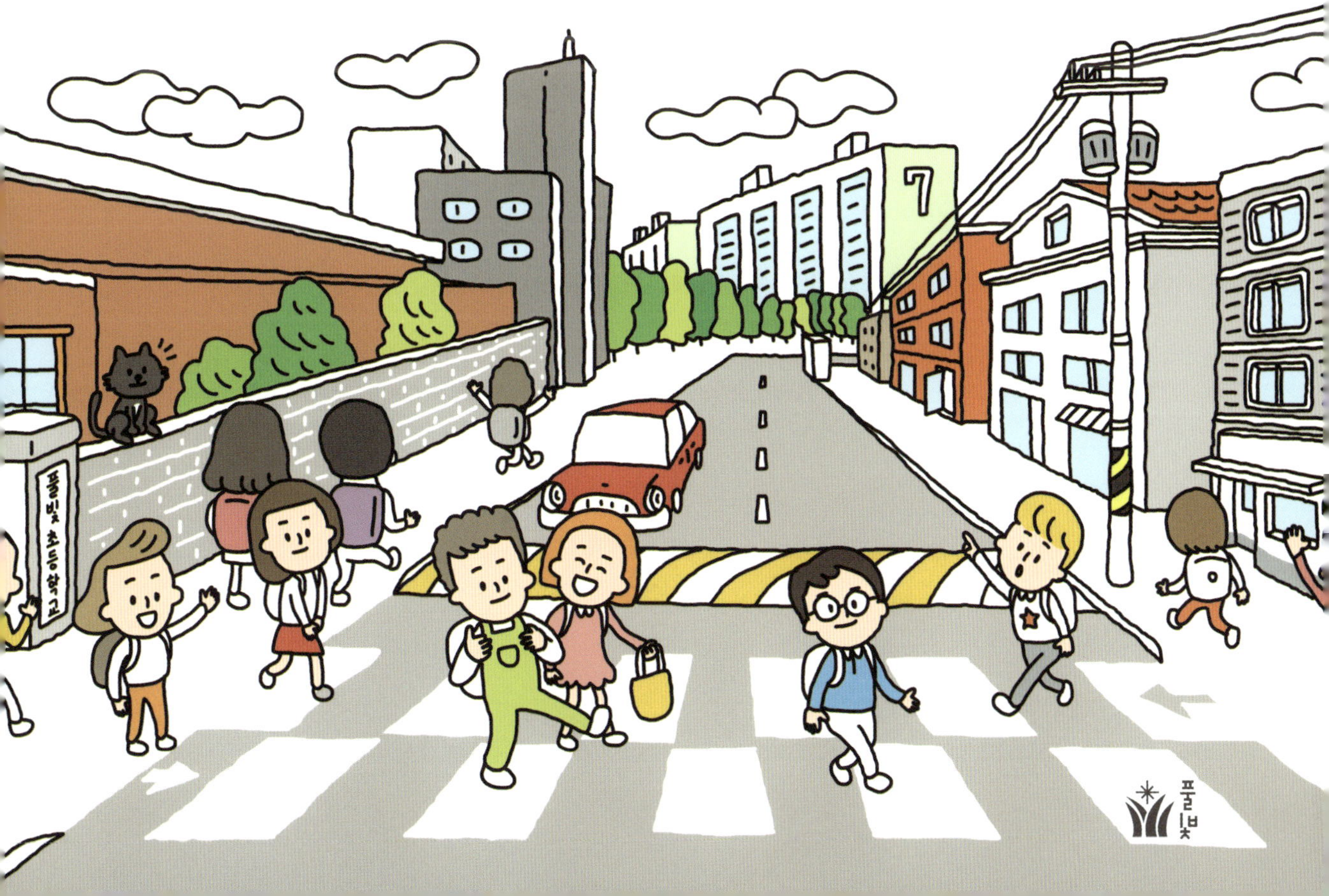

풀빛

 작가의 말

여러분, 안녕하세요. 이서윤 선생님이에요. 선생님은 오늘 비장한 각오로 이곳에 왔답니다. 왜냐고요? 여러분에게 들려줄 이야기가 있거든요. 무슨 이야기냐고요? 바로 학교에서 일어나는 수많은 안전사고 이야기예요.

학교는 여러분이 많은 시간 동안 머무는 곳이에요. 또, 여러 친구들과 함께 생활하는 곳이지요. 처음 학교에 입학했을 때는 모든 게 처음이라 신기하고 떨려서 조심했을 거예요. 하지만 곧 학교생활에 익숙해져 안전하게 지내야겠다는 조심스러운 마음을 쉽게 잊어버려요.

친구와 장난을 치다가 넘어져서 다치기도 하고, 수업 시간에 만들기 활동을 하다가 가위나 칼에 베이기도 해요. 운동 기구를 잘못 써서 다치기도 하고요.

학교에서 일어나는 사고로부터 여러분을 안전하게 보호해 줄 사람은 누구일까요? 선생님? 학교 보안관? 보건 선생님? 모두 틀린 답은 아니지만, 누구보다도 여러분을 가장 안전하게 보호해야 할 사람은 바로 여러분 자신이에요.

이 책에는 학교에서 일어나는 안전사고로부터 아이들을 지켜 주는 슈퍼맨이 나와요. 하지만 슈퍼맨은 현실에서 우리를 지켜 줄 수는 없어요. 우리의 안전은 우리가 지켜야 한다는 것을 꼭 알아 주세요.

학교생활에서 가장 중요한 것은 안전한 생활이에요. 이 책에 나오는 이야기들은 실제로 학교에서 일어난 사고들이에요. 학교에서 어떤 사고가 일어날 수 있는지 읽어 보고, 내 이야기가 되지 않기 위해 노력하고, 친구들이 다치지 않도록 조심해요. 어린이 여러분의 안전한 학교생활을 기원해요!

이서윤 선생님

차례

- 작가의 말 - 4

- 의성이 귀에 연필이! - 8

- 학교에 나타난 슈퍼맨 - 11

- 교실에서도 사고가 일어나 - 16
  - 학교에서 안전하게 살아남기! : 교실 - 21

- 천천히 계단 오르내리기 - 22
  - 학교에서 안전하게 살아남기! : 계단과 복도 - 29

- 미끄러운 바닥을 조심해 - 30
  - 학교에서 안전하게 살아남기! : 화장실 - 34

- 운동장에선 한눈팔기 금지 - 35
  - 학교에서 안전하게 살아남기! : 운동장 - 41

- 급식을 맛있게 먹으려면 - 42
  - 학교에서 안전하게 살아남기! : 점심시간 - 47

- 사라진 슈퍼맨 - 48

- 조심하면 더 재미있는 과학 시간 - 51
  - 학교에서 안전하게 살아남기! : 과학실 - 55

- 등하굣길에도 안전 주의! - 56
  - 학교에서 안전하게 살아남기! : 등하굣길 - 65

- 오래 기다린 소풍날 - 66
  - 학교에서 안전하게 살아남기! : 현장 체험 학습 - 70

- 안전 주머니 선물 - 71

- 슈퍼맨 자격 시험 - 72

- 보호자를 위한 우리 아이 학교 안전
  - 우리 아이 안전 불감증 고치기 - 74
  - 학교의 장소적 특성 이해하기 - 75
  - 만약 학교에서 안전사고가 발생한다면? - 76

의성이 귀에 연필이!

"악!"

비명 소리에 친구들이 몰려들었어요.

"무슨 일이야?"

선생님은 놀라서 아이들이 모여 있는 교실 뒤로 갔어요. 의성이가 귀를 붙잡고 있었어요. 놀란 토끼 눈을 하고 서 있던 승훈이가 말했어요.

"연필에 귀가 찔렸어요."

"뭐?"

선생님은 다른 친구들을 자리에 앉히고 의성이를 보건실로 데려갔어요.

"어떻게 된 거야?"

유민이가 승훈이에게 물었어요.

"우리 둘이 장난치다가……."

알림장을 쓰고 선생님에게 검사를 받는 시간이었어요.

의성이는 알림장을 쓰다가 심심해졌어요. 그래서 승훈이 뒤통수를 살짝 치고는 알림장을 쓰는 척했어요. 승훈이는 뒤를 돌아 시치미를 떼고 있는 의성이를 째려보았어요.

"네가 나 때렸지?"

"무슨 소리야?"

"아닌가."

의성이가 머리를 친 게 맞다고 생각했지만, 증거가 없었어요. 승훈이는 다시 알림장을 쓰기 시작했어요. 그러자 의성이는 다시 승훈이의 머리를 쳤어요.

"야!"

화가 난 승훈이는 의성이의 어깨를 밀쳤어요. 의성이도 승훈이를 밀었지요. 티격태격 몸싸움이 났고, 순간 승훈이의 손에 있던 연필이 의성이의 귀를 찔렀지요.

의성이가 보건실로 간 후 승훈이는 의성이가 걱정되었어요. 동시에 친구들이 '너 때문에 의성이가 다쳤잖아.'라고 탓하는 것 같아 얼굴이 빨개졌지요.

"의성이 괜찮을까?"

"피 나는 것 같던데? 어떡해……."

친구들의 이야기에 승훈이는 눈물이 날 것 같았어요. 그때 담임 선생님이 교실로 돌아왔어요.

"선생님, 의성이 어떻게 됐어요?"

"의성이 할머니께서 오셔서 병원에 갔어. 연필심이 부러져서 귀에 들어간 것 같구나."

"꺅, 징그러워."

의성이의 짝꿍 선영이가 얼굴을 구기며 말했어요. 승훈이의 걱정은 뭉게뭉게 피어올라 교실 전체를 뒤덮었지요.

학교에 나타난 슈퍼맨

다음 날, 의성이가 귀에 붕대를 붙이고 나타났어요.

"괜찮아?"

유민이가 의성이에게 물었어요. 승훈이도 의성이에게 괜찮은지 묻고 싶었지만 입이 떨어지지 않았어요. 다행히 연필심이 귀 바깥쪽만 건드려 상처 치료만 하면 된다고 했어요. 승훈이는 가슴을 쓸어내렸어요.

"미안해, 의성아."

승훈이는 의성이에게 다가가 사과했어요.

"여러분, 정말 큰일 날 뻔했어요. 여러분은 선생님에게 너무나도 소중한 제자들이에요. 부모님에게는 하나밖에 없는 소중한 자식들이고요. 여러분이 다치면 부모님과 선생님 마음이 어떨까요?"

아이들은 선생님 물음에 아무 대답도 못 했어요. 그때 1교

시 수업 시간이 끝나는 종소리가 울렸어요.

"쉬는 시간 후에 마저 이야기할까요?"

"네!"

승훈이와 유민이, 선영이는 의성이 곁으로 모였어요.

"의성아, 괜찮아?"

"응, 괜찮아. 나는 천하무적 슈퍼맨이라서! 하하하!"

그때였어요. 우르릉 쾅쾅! 커다란 소리와 함께 교실이 흔들렸어요.

"어? 나만 느꼈나? 교실이 흔들린 것 같은데?"

교실 앞에 슈퍼맨 옷을 입은 할아버지가 나타났어요.
"누, 누구세요?"
놀란 아이들이 물었어요.

"내가 진짜 슈퍼맨이다!"

"에이, 거짓말. 날지도 못하실 것 같은데요?"

"나는 슈퍼맨 은퇴를 앞두고, 풀빛 초등학교 학생들의 안전을 지켜 주라는 마지막 임무를 받았지. 앞으로 너희에게 학교에서 가장 많이 일어나는 사고를 알려 줄 거란다. 친구들의 실제 경험담을 통해 안전을 지키는 법을 알아보자꾸나."

"할아버지가 슈퍼맨이라는 걸 어떻게 믿어요?"
그 순간 할아버지는 교실 맨 앞에서 맨 뒤로 순간 이동을 했어요.
"봤니, 내 순간 이동? 이제 믿으려나? 너희가 안전 이야기를 집중해서 들으면, 하늘을 나는 것도 보여 주마! 어떠냐?"
"네, 좋아요!"

교실에서도 사고가 일어나

교실이 갑자기 조용해졌어요. 교실에는 의성이, 승훈이, 유민이, 선영이만 남고 다른 친구들은 보이지 않았어요.

"다른 친구들은 다 어디 갔지?"

"그러게, 왜 우리만 있지?"

너희 네 명이 한 팀이 되어서 안전 수업을 들을 거야. 지금 다른 친구들도 네 명이 한 팀이 되어 안전 수업을 듣고 있어. 이 할아버지가 분신술도 쓸 수 있거든."

슈퍼맨 할아버지의 말에 주위를 두리번거리던 아이들은 할아버지의 이야기에 귀를 기울였어요.

"첫 번째는 가위에 눈을 다친 이야기야. 수업 시간에 민철이가 가위로 색종이를 오리고 있었어. 그런데 뒤에서 친구가 시비를 거는 거야. 화가 난 민철이는 몸을 왼쪽으로 돌렸어. 그때 옆자리 준서의 눈을 스치고 말았지."

"그때 슈퍼맨 할아버지는 어디 계셨어요?"

유민이가 안타까운 표정으로 물었어요.

"민철이가 오른손을 휘두를 때 그 손을 붙잡으려고 날아갔지만 타이밍을 놓치고 말았어."

"뭐예요. 슈퍼맨도 아니네요."

의성이가 투덜거렸어요.

"그래. 슈퍼맨이라고 모든 사고를 막을 수는 없단다. 나는 민철이를 데리고 병원으로 급히 갔어. 연필, 칼, 우산처럼 끝이 날카로운 물건은 잘못 다루면 사람을 다치게 하는 흉기가 된단다. 학교에서 가장 많이 일어나는 사고지. 그래서 뾰족한 건 조심히 다뤄야 해. '난 가위질을 잘해.'라며 자신만만했다가 다치는 경우도 있거든."

"어떻게요?"

"종이를 자를 때, 가위의 뾰족한 날로 종이를 잡고 있던 손가락을 찌를 수도 있고."

"으악!"

아이들은 할아버지의 말을 듣고 두 눈을 질끈 감았어요. 꼭 나한테 일어난 일인 것처럼, 이야기만 들어도 고통이 전해지는 느낌이었지요.

"너무 끔찍해요."

"그러니 명심하거라. 뾰족하고 날카로운 물건을 사용할 때는 항상 조심해야 한다."

"네!"

아이들은 그 어느 때보다 열심히 고개를 끄덕였지요.

"또, 너희가 정말 많이 하는 장난이 있어."

"뭔데요?"

"교실 문을 막고 안 열어 주는 장난!"

의성이와 승훈이는 깜짝 놀랐어요. 며칠 전에도 했던 장난이거든요.

"한 친구는 교실 미닫이문을 닫고 안 열어 주려고 했고, 다른 친구는 그것을 열려고 애썼어. 그러다가 갑자기 문이 확 열린 거야. 그러면서 문 사이에 손가락이 끼었지."

"으으."

승훈이는 마치 자신의 손가락이 문에 낀 듯 소리를 냈어요. 생각만 해도 끔찍했지요.

"이런 일도 있었어. 미술 시간에 쓰고 남은 딱딱하게 굳은 찰흙 덩어리를 무심코 던졌어. 근데 그게 다른 친구의 눈에 맞은 거야. 찰흙을 맞은 친구는 큰 병원에서 수술을 받아야 했단다."

"겨우 찰흙이었는데요?"

"그래. 미술 시간 준비물인 찰흙도 잘못 쓰면 흉기가 될 수 있단다. 너희들 교실 청소 도구로 야구 놀이도 하지?"

"네! 얼마나 재미있는데요."

슈퍼맨 할아버지의 말에 의성이가 냉큼 말했어요.

"앞으로는 절대 하지 마. 장난이 큰 사고로 이어질 수 있거든."

아이들은 슈퍼맨 할아버지의 이야기를 듣고 겁이 났어요.

"슈퍼맨 할아버지! 그럼 도대체 학교에 어떻게 다니라는 거예요? 집에서 꼼짝 않아야 하는 거 아니에요?"

똘똘한 승훈이가 물었어요.

"집이든 학교든 우리가 어디에 있어서 위험한 게 아니란다. 우리가 어떻게 행동하느냐에 따라 위험한 것이지. 학교는 여러 사람이 함께하는 곳이기 때문에 다양한 사고가 일어날 수 있어. 내가 너희에게 온 건 '이런 사고가 있으니 학교에 오지 말거라!'가 아니라 '조심해야 하는 행동'을 알려 주기 위해서야. 알겠느냐?"

"네!"

학교에서 안전하게 살아남기! : 교실

^^ 잘했어요!

- ✓ 천천히 걸어다녀요.
- ✓ 문을 여닫을 때 주변에 사람이 없는지 확인해요.

위험해요!

- ✓ 뽀족하고 날카로운 물건은 주의해서 사용해요.
- ✓ 소리를 지르지 않아요.
- ✓ 교실 앞뒤 게시판에 있는 게시물은 압정, 본드, 핀으로 고정되어 있으니 주의해요.
- ✓ 교실 출입문과 건물 현관문에 매달리거나 장난치지 않아요. 특히 현관문은 유리문으로, 다른 문에 비해 무거워 크게 다칠 수 있어요.

천천히 계단 오르내리기

"한 번 일어난 사고는 돌이킬 수 없단다. 실제로 이런 일도 있었어. 초등학교 4학년 남학생이 계단에서 넘어져서 머리를 다쳐 의식 불명 상태가 되었단다."

슈퍼맨 할아버지는 침울한 표정을 지었어요.

"의식 불명이면 식물인간 같은 건가요?"

"그런 거지. 쉬는 시간에 친구들과 잡기 놀이를 하다가 계단에서 발을 헛디뎌 미끄러진 거야."

아이들은 안타까운 마음을 숨길 수 없었어요. 우리가 매일 오르내리는 계단에서 그런 일이 생길 거라고는 생각도 못 했지요. 슈퍼맨 할아버지는 두 눈을 부릅뜨고 말했어요.

"그러니 계단에서는 절대로 뛰면 안 돼. 작은 행동만으로도 큰 사고가 나는 곳이 바로 계단이야. 김의성! 정승훈! 오늘도 몇 칸씩 뛰어가던데, 너희에게 사고가 안 일어나란 법은 없어. 누구나 사고를 당할 수 있단다. 너희 장난에 다른 친구가 밀려서 넘어질 수도 있고."

슈퍼맨 할아버지는 뭐든 알고 있었어요. 하루에도 몇 번씩

 누가 더 많은 칸을 한 번에 뛰는지 내기하던 의성이와 승훈이는 고개를 들지 못했어요. 슈퍼맨 할아버지는 매서운 눈초리로 다시 말했어요.

 "반 친구들이 줄을 서서 단체로 움직일 때 있지?"
 "네, 컴퓨터실이나 급식실에 갈 때요."
 "그때도 조심해야 한단다. 어느 반이 단체로 줄을 서서 도서실로 가고 있었어. 그때 한 친구가 계단에서 장난을 치다 넘어졌지. 뒤따라오던 친구들은 장난을 치며 오느라 이 사실을 모르고 넘어진 친구를 밟게 됐어. 친구에게 밟힌 아이는 갈비뼈가 부러져서 입원 치료를 받았지."
 "헉! 넘어진 친구를 일으켜 줬으면 일어나지 않았을 사고인데!"

"그래, 맞아. 처음부터 아이들이 계단에서 장난을 치지 않았더라면 넘어질 일도 없었을 거고, 장난을 치느라 앞 친구가 넘어진 걸 못 보지도 않았을 거야. 혹시 너희들 친구한테 발 걸어 본 적 있니?"

의성이가 머뭇거리다가 대답했어요.

"네에……."

"그건 굉장히 위험한 장난이야. 친구 발에 걸려 넘어져 앞니가 부러지는 일도 자주 있단다."

선영이는 원망스러운 눈빛으로 슈퍼맨 할아버지를 바라보았어요.

"할아버지가 구해 주시지……!"

"그렇게 쳐다보지 말거라. 내가 앞니가 부러질 뻔한 아이를 100명은 구했을 거야. 다른 아이를 구하고 있을 때 일어난 일이란다."

"할아버지 이야기를 들을 때마다 점점 무서워져요."

"너무 겁먹지는 마. 앞으로 너희에게 이런 사고가 일어나지 않도록 이야기를 들려주는 것뿐이니까. 안전 의식을 갖고 규칙을 잘 지킨다면 사고를 예방할 수 있단다."

슈퍼맨 할아버지는 아이들을 안심시킨 후 문제를 냈어요.

"여기서 문제! 복도와 계단 말고 또 교실 밖 어디에서 사고가 자주 일어날까?"

아이들은 주변을 둘러보았어요. 뻥 뚫린 복도에는 아무것도 놓여 있지도, 뾰족한 무언가가 있지도 않았지요. 유민이가 고개를 갸우뚱했어요.

"글쎄요?"

"바로 창문이란다. 얼마 전에 한 아이가 창틀에 올라가 장난을 치다가 1층으로 떨어지고 말았어."

슈퍼맨 할아버지의 말에 아이들은 깜짝 놀라 두 손으로 입을 막았어요. 단순히 넘어지는 사고가 아닌, 창밖으로 떨어진 일이라니! 도무지 믿을 수 없었지요.

"정말 있었던 일이란다. 아이는 결국 머리를 다쳐 두 번이나 뇌 수술을 해야 했고, 이후에도 여러 달 병원에 입원하며 계속 치료를 받았어. 지금도 약을 먹으며 지내고 있고."

의성이가 천천히 고개를 끄덕였어요.

"교실이나 복도 창가에 올라가는 친구들을 본 적 있어요. 창문이 있다고 안전한 게 아닌데……."

"그래. 방충망과 안전장치가 있어도 창문에 기대거나 매달리는 건 절대 하면 안 되는 행동이야. 굉장히 위험해. 이렇듯

나의 부주의로 다치는 사고도 있지만, 친구와의 장난에서 발생하는 사고도 있어."

유민이와 선영이가 무언가 생각난 듯 제자리에서 방방 뛰었어요. 그리고 의성이와 승훈이를 가리켰지요.

"오늘 우리 반에서도 그런 일이 있었어요!"

"맞아요, 맞아! 남자애들이 교실 뒤에서 서로 깔아뭉개는 햄버거 놀이를 하다가 선생님한테 엄청 혼났거든요."

의성이가 유민이에게 따지듯 말했어요.

"장난치면 재미있잖아. 장난친다고 다 다치는 거 아니야. 오늘 햄버거 놀이로 누가 다쳤어? 다쳤냐고?"

슈퍼맨 할아버지가 무릎을 굽혀 의성이와 눈을 맞췄어요.

"의성이는 정말 많이 배워야겠구나. 사고를 당한 친구들

중 자신에게 사고가 일어날 거라고 생각한 사람은 단 한 명도 없단다. 물론 장난치는 거 재미있지. 하지만 누군가를 깔아뭉개고, 아픔을 주는 게 단순히 장난이라고 볼 수 있을까? 절대 아니야. 다신 하지 말아야 해."

학교에서 안전하게 살아남기! : 계단과 복도

😊 잘했어요!

☑ 오른쪽으로 천천히 걸어서 다른 사람의 활동을 방해하지 않아요.

☑ 학급 단위 또는 여러 사람이 함께 이동할 때는 앞뒤 사람과 충분한 거리를 두고 이동해요.

☑ 계단을 한 칸씩 오르내려요.

😮 위험해요!

☑ 발을 거는 장난, 잡기 놀이와 같은 장난을 치지 않아요.

☑ 계단 난간을 타고 내려오는 등의 행동은 하지 않아요.

☑ 창틀에 올라가지 않아요.

☑ 창문 밖으로 물건을 던지지 않아요.

미끄러운 바닥을 조심해

"슈퍼맨 할아버지!"

아이들이 부르자 슈퍼맨 할아버지는 성을 내며 말했어요.

"꼭 그 할아버지를 붙여야겠니? 그냥 슈퍼맨이라고 불러라."

"할아버지를 할아버지라고 부르죠, 히힛."

의성이가 개구진 표정으로 말했어요.

"그래. 좋구나. 그런데 왜 불렀니?"

"할아버지가 눈에 안 보여서 불렀어요. 잠시만요, 저희 화장실 좀 다녀올게요."

"그래, 조심히 다녀오렴."

"네!"

의성이와 승훈이, 유민이와 선영이가 화장실로 향했어요. 그때였어요.

"으아!"

유민이가 화장실 바닥에 고인 물을 밟고 미끄러지려던 찰나, 슈퍼맨 할아버지가 나타나서 유민이를 구해 주었지요.

"이런, 이런. 화장실 바닥은 미끄러우니 조심해야지!"

비명을 듣고 여자 화장실로 달려온 승훈이도 그 장면을 보았지요.

"와, 너 할아버지 아니었으면 큰일 날 뻔했다. 만날 나한테 뭐라고 하더니 너도 조심 좀 하지 그래?"

"여기 물이 있을 줄 알았냐?"

승훈이와 유민이는 티격태격하며 천천히 교실로 걸어갔어

요. 슈퍼맨 할아버지는 아이들 옆에 바짝 붙어 화장실에서 조심해야 할 것들을 알려 주었지요.

"화장실은 바닥이 타일로 되어 있어서 미끄러워. 게다가 물까지 떨어져 있으면 더욱 미끄럽지. 그래서 바닥을 잘 보고 조심조심 걸어야 한단다. 또 바닥 타일이 잘 깨지니 그것도

조심해야 해."

그러자 아이들은 앞다투어 말하기 시작했어요.

"화장실 문에 매달리는 친구들도 있어요. 잠겨 있는 화장실 문을 억지로 열어서 문을 고장 내기도 하고요."

"화장실에 있는 청소 도구로 장난치는 친구도 많아요."

슈퍼맨 할아버지는 아이들의 이야기를 듣고 미소를 지었어요.

"요 녀석들, 너희가 보기에도 위험한 행동이 보이지? 잘 알고 있는 것 같아 다행이다. 화장실은 볼일을 보러 가는 곳이지, 친구와 장난치며 노는 곳이 아님을 명심하렴."

학교에서 안전하게 살아남기! : 화장실

^^ 잘했어요!

✓ 새치기하지 않고, 차례를 지켜 이용해요.

✓ 모두 함께 사용하는 곳이니 청소 도구는 용도에 맞게 사용해요.

위험해요!

✓ 화장실 바닥은 다른 곳보다 미끄러우니, 절대 뛰지 말아요.

✓ 변기나 세면대 위에 올라가지 않아요.

✓ 화장실 청소 도구 중 세제는 어린이가 쓰기에 위험하므로 함부로 사용하지 않아요.

운동장에선 한눈팔기 금지

"이제 운동장으로 나가 볼까?"

아이들이 운동장으로 와다다 뛰어갔어요.

"조심조심! 그러다 넘어질라. 운동장은 학교에서 사고가 가장 많이 일어나는 곳이란다."

승훈이는 지난주에 있었던 일이라며 이런저런 이야기를 시작했어요.

"공놀이를 하다가 우리 반 현수가 공에 맞아 코피가 난 적이 있어요!"

슈퍼맨 할아버지는 코를 붙잡고 아이들 앞에 섰어요.

"그래, 코피! 승훈이 말 잘했다. 코피가 나면 머리를 젖히는 경우가 많은데, 그러면 안 돼. 고개를 숙인 상태에서 엄지와 검지로 코를 누르는 자세가 바람직하단다."

"당연히 고개를 젖혀야 한다고 생각했는데, 의외네요!"

"그렇지? 이번에는 선영이가 운동장에서 보고 겪은 일을 말해 볼래?"

선영이는 한참을 고민하다 이야기를 꺼냈어요.

"지난번에 친구랑 술래잡기하다가 넘어져서 무릎이 까진 적이 있어요. 친구는 손바닥이 찢어졌고요."

"그래, 이번엔 그 이야기를 해 주어야겠구나! 넘어져 생긴 상처에는 흙이나 풀 같은 이물질이 묻어. 이런 이물질은 상처 회복을 더디게 하고 염증을 일으킬 수 있으므로 반드시 없애야 한단다. 흐르는 식염수로 닦아 내는 것이 가장 좋지만, 식염수가 없다면 수돗물로 깨끗이 상처 부위를 씻어 내렴. 피가 계속 난다면 거즈로 덮고 반창고로 붙여서 고정하거나 출혈 부위를 지혈해야 하지. 보건실에 가면 보건 선생님이 잘 치료해 주실 거야."

그때 의성이가 손을 번쩍 들었어요.

"저 궁금한 게 있어요!"

"뭐니?"

"체육 수업 전에 꼭 준비 운동을 해야 해요? 전 준비 운동 안 해도 안 다친단 말이에요. 제가 얼마나 튼튼한데요!"

의성이의 말에 슈퍼맨 할아버지의 눈이 토끼 눈처럼 동그래졌어요.

"준비 운동은 꼭 필요해. 운동량이 어마어마한 운동선수들도 매일 준비 운동을 한단다."

의성이는 의심의 눈초리를 보냈어요.

"정말요?"

"그럼, 정말이지. 준비 운동을 하면 체온이 오르면서 몸이 편안해지고, 근육이 서서히 늘어나 부상을 막을 수 있어. 만약 준비 운동을 안 하고 바로 달리기를 하면 어떻게 될까?"

고민하는 의성이 대신 승훈이와 유민이, 선영이가 먼저 대답했어요.

"다리에 힘이 풀려 넘어져요!"

"몸이 굳어서 빨리 못 달려요!"

"근육이 놀라요!"

슈퍼맨 할아버지가 양 엄지를 치켜세웠어요.

"모두 정답이야. 달리기뿐 아니라 뜀틀과 철봉 같은 기구 운동을 할 때도, 매트에서 운동을 할 때도 언제나 준비 운동을 해야 해. 그리고 충분히 연습한 후 단계적으로 운동을 해 나가야 하지. 그리고 한 가지만 더 얘기할게!"

"뭔데요?"

"운동장에서는 실내화나 슬리퍼 절대 금지! 미끄러져 넘어질 수 있으니 꼭 운동화를 신도록!"

"네!"

아이들은 자신 있게 대답했어요. 앞으로는 운동장에서 열심히 또 조심히 놀겠다고 다짐했지요.

학교에서 안전하게 살아남기! : 운동장

잘했어요!

- ✓ 준비 운동을 해요.
- ✓ 몸이 아프다면 선생님과 이야기한 후 쉬어요.
- ✓ 비치된 놀이 기구를 올바른 방법으로 사용해요.

위험해요!

- ✓ 친구들에게 운동장의 흙을 뿌리지 않아요.
- ✓ 날카로운 물건이나 유리 조각이 운동장에 떨어져 있을 수 있으니 절대 맨발로 놀지 않아요.
- ✓ 놀이 기구 위에서 친구와 장난 치지 않아요.
- ✓ 한여름에는 뜨거운 햇빛으로 놀이 기구가 뜨거워지니 조심해요.

급식을 맛있게 먹으려면

"꼬르륵."

"무슨 소리야?"

"내 배 속에 사는 꼬륵이가 우는 소리야."

슈퍼맨 할아버지가 주변을 살폈어요.

"너희는 급식을 어디에서 먹니?"

의성이가 대답했어요.

"저희는 교실에서 먹어요. 학교 급식실이 작아서 저학년은 교실에서, 고학년은 급식실에서 먹거든요."

"그래. 급식실에서 점심을 먹는 학교도 있고, 교실에서 점심을 먹는 학교도 있지. 이 이야기는 지난주에 있었던 일이야. 아이들이 급식 카트를 끌고 오다가 사고가 났지."

"저 다음 주에 급식 당번인데, 잘 들어야겠어요."

"얼른 이야기해 주세요!"

아이들은 슈퍼맨 할아버지의 말에 귀를 기울였어요.

"두 친구가 앞뒤로 급식 카트를 끌고 오고 있었어. 그런데 다른 반 친구들이 막 뛰어오는 거야. 앞에서 급식 카트를 끌던 친구가 급하게 속도를 줄였어. 친구들과 부딪히지 않기 위해서. 그런데 뒤에서 급식 카트를 끌던 친구는 카트의 무게 때문에 속도를 줄이지 못했어."

"헉, 그래서요?"

"결국 충돌했고, 앞의 카트를 밀던 친구의 몸이 두 카트 사이에 끼어 부상을 입었단다."

"아, 얼마나 아팠을까요?"

슈퍼맨 할아버지와 아이들은 얼굴을 찌푸렸어요.

"이런 일도 있었단다. 한 친구가 장난을 친다고 다른 친구에게 젓가락을 던졌어. 친구는 젓가락에 눈을 찔렸지. 크게 다치진 않았지만, 며칠간 안대를 써야 했단다."

"정말 끔찍해요."

"그치? 어떤 물건이든 던지면 안 돼. 그 용도에 맞게 써야 한단다."

슈퍼맨 할아버지의 말이 끝나자마자 선영이가 손을 번쩍 들었어요.

"예전에 저희 반에 이런 일도 있었어요!"

"어떤 일인지 궁금하구나."

"희권이라는 친구가 급식 당번이어서 국을 퍼 주고 있었어요. 그런데 민석이가 국을 안 받겠다고 식판을 치운 거예요! 희권이는 받아야 한다며 티격태격하다가 그만 민석이의 손에 국을 쏟고 말았어요."

슈퍼맨 할아버지는 얼굴을 찡그렸어요.

"저런……."

선영이도 그때가 떠올랐는지 눈썹을 찌푸렸어요.

"그래서 민석이는 화상을 입었어요. 차가운 물로 씻고, 연고를 발랐는데도 한참을 아파했던 게 기억나요."

"정말 많이 아팠겠구나. 화상을 입었을 때는 흐르는 찬물에 화상 부위을 씻어 주어 뜨거운 기운을 없애는 게 가장 중요하단다. 뜨거운 기운이 사라진 후 연고를 발라야 하지. 물집이 생겨도 절대 만지거나 터뜨리면 안 되고, 세균에 감염되지 않도록 깨끗한 수건이나 거즈로 화상 부위를 감싸야 해."

"네. 뜨거운 음식을 가져올 때나 먹을 때는 항상 조심할게요."

그때 점심시간을 알리는 종이 울렸어요. 의성이가 급식표를 보고는 승훈이에게 속삭였어요.

"승훈아, 오늘 네가 싫어하는 생선 나왔는데?"

"정말? 다른 반찬만 받아야겠다."

의성이와 승훈이의 대화를 들은 유민이가 물었어요.

"승훈아, 너 생선 싫어해? 왜? 맛있는데……."

"예전에는 나도 생선을 무척 좋아했어. 근데 생선 가시가 목에 걸린 이후부터는 잘 안 먹어."

이야기를 들은 슈퍼맨 할아버지가 승훈이의 어깨를 토닥토닥 두드렸어요.

"그런 일이 있었구나. 많이 불편했겠네. 생선 가시는 어떻게 뺐니?"

"아무리 밥을 꿀떡꿀떡 삼키고, 물을 벌컥벌컥 마셔도 가시가 그대로여서 병원에 가서 뺐어요."

"잘했다. 괜히 다른 방법을 썼다가 오히려 생선 가시가 더 깊숙이 박힐 수도 있거든. 최대한 빨리 병원에 가서 가시를 빼는 게 가장 좋은 방법이야."

유민이가 혼잣말을 했어요.

"참, 가시가 있다고 안 먹을 수도 없고……."

선영이도 유민이를 따라 혼잣말을 했지요.

"어쩔 수 없지. 조심조심 꼭꼭 씹어 먹는 수밖에!"

학교에서 안전하게 살아남기! : **점심시간**

😊 잘했어요!

- ✅ 손을 씻고 밥을 먹어요.
- ✅ 알레르기 유발 식품이 있다면 미리 선생님에게 알려요.

😮 위험해요!

- ✅ 숟가락과 젓가락으로 장난치지 말아요.
- ✅ 식판을 들고 이동할 때는 항상 주의해요. 뜨거운 국을 엎지르면 화상을 입을 수 있어요.
- ✅ 음식물을 바닥에 흘리지 않도록 조심해요.
- ✅ 모두가 밥을 먹는 점심시간에는 교실이나 급식실을 이리저리 돌아다니지 않아요.

사라진 슈퍼맨

네 명의 친구들이 급식을 먹으려고 일어났어요. 그 순간 보이지 않던 친구들과 선생님이 뿅, 하고 나타났지요.

"어? 친구들이 갑자기 나타났네?"

"그러게? 슈퍼맨 할아버지는 어디 갔지?"

슈퍼맨 할아버지는 보이지 않았어요. 담임 선생님의 목소리만 들릴 뿐이었지요. 선영이가 승훈이에게 귓속말했어요.

"우리 슈퍼맨 본 거 맞지? 꿈꾼 거 아니지?"

승훈이는 꼬르륵이가 울고 있는 배를 만지며 말했어요.

"분명히 나도 슈퍼맨 할아버지 봤어."

의성이가 말했어요.

"이상한 일이네."

아이들은 궁금했지만, 점심을 먹고 운동장에 나가 놀았어요. 다음 수업이 시작하기 5분 전에 선생님이 말했어요.

"다음 시간에는 과학 실험을 할 거예요. 과학실로 가기 전에 줄을 서 볼까요?"

네 명의 친구들은 줄을 서서 조심히 계단을 올라갔어요.

"의성이 너 평소보다 조심히 걷는 것 같다? 슈퍼맨 할아버지의 말을 듣고 그러는 거야?"

유민이가 웃으며 말했어요.

"맞아. 내가 넘어져서 친구들도 덩달아 다치면 어떡해? 그런 일은 원하지 않는다고."

아이들은 무사히 과학실에 도착했어요. 여느 때처럼 담임 선생님은 과학실 안전 수칙에 대해 말씀하셨지요. 길어지는 선생님의 말에 아이들은 하나둘 하품을 하기 시작했어요.

"예끼! 이놈들아!"

"어? 하, 할아버지!"

슈퍼맨 할아버지였어요.

"어디 갔다가 오셨어요?"

"갑자기 옆 학교에 사고가 날 뻔해서 학생 한 명 구해 주고 왔지."

"사고요?"

"그래. 과학실에서 일어난 사고였어. 마침 너희도 과학 수업 중이길래 와 봤더니, 선생님 말을 안 듣고 하품을 하고 있네? 다시 안전 이야기를 시작해야겠구먼."

조심하면 더 재미있는 과학 시간

"과학실에는 유리로 된 실험 기구 등 위험한 것이 많아서 늘 조심해야 해. 과학실에서 어떤 사고가 많이 일어날까? 맞혀 보렴."

의성이는 조심스레 이야기했어요.

"불을 붙이는 실험도 있으니까, 불이 많이 나나요?"

슈퍼맨 할아버지가 양손으로 커다란 동그라미 표시를 만들었어요.

"정답이란다. 불이 나면 어떻게 해야 할까?"

이번에는 승훈이가 대답했어요.

"불이 나면 가장 먼저 선생님에게 불이 났다는 사실을 알려야 해요."

"그렇지. 주변 사람들에게 알려야 한단다. 그리고 주변에 있는 실험 기구나 시약병을 치우고, 젖은 수건이나 실험복으로 불을 덮어야 하지. 과학실 책상 옆에 비치된 간이 소화기를 이용해도 좋아. 이때 명심할 게 있어. 최대한 침착하게 움직여야 한다는 사실!"

유민이가 물었어요.

"큰불이 나면요?"

"만약 불이 크게 나면, 코를 막고 자세를 낮춰 대피해야 해. 이때 주의할 점 세 가지가 있어. 첫 번째! 빨리 이동하겠다고 엘리베이터를 타면 안 돼. 불로 인해 엘리베이터가 고장 나서 움직이지 않을 수도 있거든."

"나머지 두 가지도 알려 주세요!"

"두 번째! 아직 불이 번지지 않았다고 책상 밑이나 가구 안에 숨으면 안 돼. 불은 순식간에 번지기 때문에 최대한 빨리 건물 밖으로 대피하는 게 좋지. 마지막 세 번째! 문손잡이가 뜨거울 수 있으니 천으로 감싸거나 다른 도구를 활용해서 열어야 해. 참, 감이 소화기 사용 방법도 알려 주마."

아이들은 슈퍼맨 할아버지를 따라 소화기 사용 방법을 배웠어요. 할아버지가 아이들을 대견하게 바라보았어요.

"다들 처음인데도 잘하는구나. 가르친 보람이 있어."

"다 할아버지 덕분이에요!"

"마지막으로 한마디 더 하자꾸나. 과학실에서는 약품 같은 것 함부로 만지고, 맛보고, 냄새 맡기 금지!"

"물론이죠!"

학교에서 안전하게 살아남기! : 과학실

😊 잘했어요!

- ✅ 진지한 태도로 과학 실험에 임해요.
- ✅ 뜨거운 실험 기구를 만질 때는 반드시 장갑을 끼고 집게를 사용해요.
- ✅ 실험 기구의 정확한 사용법을 알고 실험을 해요.
- ✅ 옷에 화학 물질이 묻거나, 사고가 발생하면 선생님에게 꼭 알려요.
- ✅ 실험이 끝난 후에는 원래 상태로 정리 정돈해요.

😮 위험해요!

- ✅ 뛰어다니지 않아요.
- ✅ 장난을 치지 않아요.
- ✅ 실험에 사용하는 화학 물질은 절대 맛보면 안 돼요.

> 등하굣길에도
> 안전 주의!

드디어 수업이 끝났어요.
"와! 집에 간다!"
의성이와 승훈이가 신나서 뛰어가자 유민이가 외쳤어요.
"조심! 조심! 찻길이잖아."
학교 바로 앞에는 횡단보도가 있어요. 슈퍼맨 할아버지가

길을 건너며 말했어요.

"신호등을 잘 보고, 건너기 전에 좌우를 살피면서 건너렴. 초록불이라고 무조건 안심하면 안 돼."

길 건너에 같은 반 현진이가 있었어요.

"현진아! 현진아!"

현진이는 대답하지 않았어요.

"못 들었나?"

유민이는 얼른 쫓아가서 현진이를 툭 쳤어요.

"조현진!"

"어? 유민아."

"내가 너 부르는 거 못 들었어?"

"그랬어?"

현진이는 핸드폰을 보며 걷느라 유민이가 불러도 듣지 못했던 거예요. 그때 슈퍼맨 할아버지가 유민이와 현진이 앞에 나타났어요.

"현진이라고 했니?"

"네, 누구세요?"

유민이가 슈퍼맨 할아버지를 소개했어요.

"이분은 슈퍼맨 할아버지야."

"슈퍼맨? 아, 초록 슈퍼 주인 할아버지?"

어느새 뒤따라온 의성이가 현진이의 말에 배꼽이 빠지게 웃었어요. 슈퍼맨 할아버지는 당황해서 말했지요.

"그게 아니라 진짜 슈퍼맨이란다. 슈퍼맨 은퇴 전 마지막 임무를 수행하고 있지. 그나저나 현진아, 길을 다닐 때 핸드폰을 보면 큰일 나! 자동차나 자전거가 와도 피하지 못하고, 가로등 같은 장애물에 부딪힐 수 있단다."

"알았어요."

현진이는 건성으로 대답하고 다시 핸드폰을 하며 걸어갔어요. 그때였어요. 앞에 돌이 있는 걸 못 보고 그만 넘어지고 말았지요.

"으악!"

아이들은 현진이를 일으켜 세웠어요.

"괜찮아? 거봐. 앞을 보고 다녀야지."

현진이는 울먹이며 고개를 끄덕였어요. 핸드폰도 현진이의 찡그린 표정처럼 모서리가 찌그러져 있었지요.

"학교에 오갈 때는 언제나 조심해야 한단다. 너희들 뉴스에서 봤는지 모르겠구나. 남자아이 몇 명이 아파트 단지에서 친구와 공놀이를 하고 있었어. 그런데 공이 지하 주차장 환기용 채광판 위로 올라간 거야. 그래서 한 아이가 공을 가져오기 위해 위로 올라갔다가 추락해 크게 다치는 사고가 발생했었어."

아이들은 너무 끔찍한 이야기에 놀랐어요.

"올라가도 위험하지 않을 것처럼 생겼는데, 아닌가 보네요. 위험하면 올라가지 못하게 막아 둬야 하는 거 아니에요?"

"우리가 봤을 때 안전한 것처럼 보이는 것들도 위험할 수 있단다. 너희 말이 맞아. 오래되거나 위험한 시설은 미리 사고가 일어나지 않게 점검하고, 사람이 접근하지 못하게 막아야 해. 안전 표지판도 세우고 말이야. 앞서 이야기한 사고는 어른들의 잘못이 커. 그러니 조금이라도 위험해 보이는 곳은 절대 가지 않는 게 어린이로서 할 수 있는 일이겠지?"

슈퍼맨 할아버지의 당부에 아이들은 고개를 끄덕였어요.

"슈퍼맨인데도 어린이들을 다 지키지 못한다는 사실이 얼마나 나를 힘들게 했는지 모른단다."

"아니에요. 할아버지는 최선을 다하고 계세요."

유민이가 슈퍼맨 할아버지를 위로했어요. 슈퍼맨 할아버지의 눈빛이 정말 슬퍼 보였거든요.

"하교 중 강한 바람에 쓰러진 공사장 안전 펜스에 부딪쳐 다친 사고도 있고……."

슈퍼맨 할아버지는 슬픈 목소리로 말을 이어 갔어요.

"등교 시간이 지나 학교에 도착한 아이가 담을 넘다가 다친 일도 있고……."

"조심, 또 조심해야겠어요!"

"그리고 등하굣길에 조심해야 하는 게 하나 더 있단다."

"뭐요?"

"사람!"

슈퍼맨 할아버지는 낮은 목소리로 말했어요.

"낯선 사람이 엄마 친구라고 하거나, 같은 방향이니 차로 태워 준다며 말을 걸 때는 절대 따라가서는 안 된다!"

"그럼요! 저희가 애들인 줄 아세요?"

그때 갑자기 선영이가 문제를 냈어요.

"갑자기 누가 쫓아오거나 무서운 일이 생겼을 때는 어떻게

해야 하게?"

아이들이 대답을 망설였어요. 의성이는 머리를 긁적이며 '도망가야겠지?'라고 했지요. 그러자 슈퍼맨 할아버지가 검지를 치켜들고 단단히 경고했어요.

"그럴 땐 말이다. '아동 안전 지킴이집'이라고 쓰여 있는 곳에 들어가면 된단다. 보통 문구점이나 편의점, 약국 같은 곳이야. 아동 안전 지킴이집에서는 위험에 처한 어린이를 임시 보호한 후 경찰서에 데려다줘. 꼭 이곳이 아니더라도 주변에

도움을 청하면 좋단다."

아이들이 모두 고개를 끄덕였어요.

"그럼 이 할아버지가 간단한 퀴즈를 내 볼 테니, 맞혀 보겠니?"

"네!"

"유괴범은 남자일까? 여자일까?"

유민이가 대답했어요.

"남자인 경우가 많지 않아요?"

그러자 승훈이가 말했지요.

"아니야. 남자 여자 누구나 유괴범이 될 수 있어. 모르는 사람이 말을 걸면, 남자든 여자든 항상 조심해야 해."

슈퍼맨 할아버지가 박수를 짝짝 쳤어요.

"그래, 승훈이 말이 맞아. 특히 모르는 어른이 도움을 요청할 때 주의하렴. 길을 안내해 달라고 하거나, 눈이 잘 안 보인다며 대신 물건을 찾아 달라거나. 아이들의 순수한 마음을 이용해서 거짓으로 도움을 요청하는 나쁜 어른들이 있거든."

"세상에는 조심할 게 너무 많은 거 같아요."

선영이가 풀이 죽어서 말했어요.

"그래. 하지만 조심해서 나쁠 건 없단다. 알겠지?"

"알겠습니다. 슈퍼맨 할아버지!"

씩씩한 소리만큼 아이들의 안전 의식이 높아지는 것 같아 슈퍼맨 할아버지는 뿌듯했어요.

"그래. 조심히 집에 가고 내일 현장 체험 학습에서 보자."

"네! 내일 봬요."

학교에서 안전하게 살아남기! : 등하굣길

^^ 잘했어요!

✔ 길을 다닐 때는 친구와 사이좋게 다녀요.

✔ 자신의 이름과 전화번호 등을 안 보이는 곳에 적어요.

✔ 다른 사람이 자신의 몸을 함부로 만지면 큰 소리로 싫다고 이야기하고, 주위 사람에게 도움을 요청해요.

위험해요!

✔ 걸어다니면서 휴대폰을 사용하지 않아요.

✔ 모르는 사람이 차에 타라고 하거나, 학원에 데려다준다고 하면 거절해요.

✔ 신호등이 빨간불일 때는 절대로 횡단보도를 건너면 안 돼요.

✔ 이어폰을 귀에 꽂고 걸어다니면 소리가 들리지 않아 위험해요.

오래 기다린 소풍날

현장 체험 학습 날이 밝았어요. 담임 선생님은 버스에 탄 후로 여러 번 말했지요.

"여러분, 안전벨트 꼭 매고 자리에서 일어나지 말아요."

"네!"

의성이가 과자를 꺼내 먹기 시작했어요. 뒷자리에 앉아 있던 승훈이도 과자를 맛보고 싶었지요. 승훈이는 안전벨트를 풀고 의성이에게 갔어요.

"나도 하나만 주라!"

66

그때였어요.

끽!

버스가 갑자기 멈추었고, 일어서 있던 승훈이는 버스 앞쪽으로 미끄러졌지요. 어디선가 슈퍼맨 할아버지가 나타나 미끄러지는 승훈이를 잡았어요.

"승훈이, 이 녀석! 버스가 움직일 때는 자리에 앉아 있어야 하는 거 모르니? 아까 담임 선생님도 말했을 텐데?"

"네, 알아요."

승훈이는 모기만 한 목소리로 대답했어요.

"현장 체험 학습 날에는 모두 들떠서 사고가 일어나기 쉬워. 예전에 한 학생이 버스를 타고 현장 학습에서 돌아오던 중, 멀미가 나서 빨리 내리려고 선반 위에 둔 가방을 미리 꺼냈어. 근데 선반에 있던 우산이 같이 떨어진 거야. 우산에 맞은 친구는 크게 다쳤단다. 차 안에서는 급한 일이 아니면 절대 자리에서 일어나면 안 돼."

선영이가 안타까운 표정을 지었어요.

"그런데 저는 이해돼요. 저도 버스를 탈 때 멀미를 하거든요. 힘드니까 빨리 짐을 챙겨서 내리고 싶었을 거예요."

"멀미하는 친구들은 멀미약과 비닐봉지를 꼭 챙겨 다니렴. 그리고 선생님께 말씀드려서 버스 앞쪽에 앉으면 도움이 될 거야."

"기분 좋게 놀러 갔는데 사고가 나면 싫을 것 같아요. 그런데 새로운 곳에 가면 신이 나서 더 뛰어다니게 돼요."

"오늘 놀이공원에 가서도 넘어지지 않도록 조심하고, 위험해 보이는 곳에 올라가지 마렴. 자, 그럼 오늘로 안전 수업을 마치겠다."

"네?"

아이들은 슈퍼맨 할아버지의 말에 깜짝 놀라 물었어요.

"오늘이 마지막 수업이에요? 슈퍼맨 할아버지 없이 어떻게 안전하게 지내요?"

"처음에 말했듯, 안전은 스스로 지켜야 한단다. 안전 의식을 갖고, 안전한 생활을 위한 규칙을 지키면서 말이다. 사고가 일어난 후에 조심하면 아무 소용없어. 가장 중요한 것은 사고가 일어나지 않도록 '예방'하는 거야. 뭐가 중요하다고?"

"예방이요!"

아이들이 입을 모아 대답했어요.

"그래. 꼭 기억하고, 현장 학습 잘 다녀오렴!"

슈퍼맨 할아버지는 아이들에게 눈인사를 하곤 하늘 높이 날아갔어요.

학교에서 안전하게 살아남기! : 현장 체험 학습

😊 잘했어요!

- ✅ 버스를 타고 내릴 때는 질서를 유지해요.
- ✅ 안전벨트를 꼭 매요.
- ✅ 쓰레기는 각자 가져온 봉투에 넣어요.
- ✅ 친구와 사이좋게 지내요.

😮 위험해요!

- ✅ 개인 행동을 하지 않아요.
- ✅ 화장실이나 외딴 곳에 혼자 다니지 않아요.
- ✅ 버스 창밖으로 손이나 머리를 내밀지 않아요.
- ✅ 버스 이동 중에는 절대 자리에서 일어나지 않아요. 크게 다칠 수 있어요.

안전 주머니 선물

슈퍼맨 할아버지가 떠나고 아이들 손에는 안전 주머니가 들려 있었어요.

"이게 뭐지?"

승훈이가 주머니를 열어 보았어요.

'얘들아, 슈퍼맨 할아버지다! 이 안전 주머니 안에 무엇이 들었냐면 말이다. 바로 슈퍼맨이 될 수 있는 자격 시험이 들어 있단다. 이 자격 시험을 통과하면 너희는 스스로를 지키는 슈퍼맨이 되는 거란다. 내가 없이도 안전하게 학교를 다니길 바란다. 꼭 통과하렴!'

슈퍼맨 자격 시험

(　　　　)초등학교　(　)학년 (　)반　이름: (　　　　)

1. 버스 안에서의 안전 규칙을 잘 지킨 친구는 누구인가요? (　　　　)

의성 : 뒤에 앉은 친구에게 간식을 달라고 큰 소리로 말한다.

승훈 : 버스 안을 돌아다니면서 친구와 이야기한다.

유민 : 안전벨트를 한 후 선생님 말씀에 귀를 기울인다.

선영 : 창문을 두드리며 지나가는 사람들에게 메롱을 한다.

2. 등하굣길에 안전을 잘 실천한 친구는 누구인가요? (　　　　)

의성 : 핸드폰에 푹 빠져 바닥만 보고 걸어간다.

승훈 : 수리 중인 높은 곳에 올라간다.

유민 : 모르는 사람 뒤를 따라간다.

선영 : 모르는 사람이 따라오자 아동 안전 지킴이 표시가 있는 곳에 알린다.

3. 점심시간에 올바른 행동을 한 친구는 누구인가요? (　　　　)

의성 : 음식을 꼭꼭 씹어 먹는다.

승훈 : 급식을 받을 때 식판을 이리저리 옮기며 장난을 친다.

유민 : 급식 카트를 끌고 뛰어다닌다.

선영 : 뾰족한 젓가락을 친구들에게 던진다.

4. 교실에서 하면 안 되는 행동을 한 친구는 누구인가요? (   )

의성 : 칼이나 가위 같은 위험한 물건을 사용할 때는 조심한다.

승훈 : 청소 도구로 청소도 하고, 장난도 친다.

유민 : 문을 여닫을 때는 주변에 사람이 없는지 확인한다.

선영 : 친구와 부딪히지 않도록 천천히 걸어다닌다.

5. 안전한 행동에 ☆ 표시, 안전하지 않는 행동에는 ◇ 표시를 하세요.

① 복도나 계단은 미끄러울 수 있으므로 조심한다. (   )

② 발을 거는 장난, 잡기 놀이와 같은 장난은 절대 하지 않는다. (   )

③ 여러 사람이 함께 계단 이동 시 딱 붙어서 이동해야 안전하다. (   )

④ 빨리 다니기 위해 계단은 두세 칸씩 오르내린다. (   )

⑤ 창틀에 올라가지 않고, 창문 밖으로 물건을 던지지 않는다. (   )

〈정답〉

1. 유민 2. 선영 3. 의성 4. 승훈 5. ①☆ ②☆ ③◇ ④◇ ⑤☆

보호자를 위한 우리 아이 학교 안전

우리 아이 안전 불감증 고치기

안전 불감증은 안전사고나 안전 수칙에 대해 주의하지 않는 것을 말해요. 그래서 안전 불감증을 가진 사람들은 자신은 절대로 사고를 당하지 않을 거라는 생각으로, 예방할 수 있는 일을 미리 예방하지 않아요. 또 '설마 나한테 무슨 일이 생기겠어?'라는 마음으로 위험한 행동을 서슴없이 하고요.

보호자가 평소 안전을 주의하지 않을 경우, 아이도 안전 불감증일 확률이 커요. 예를 들어 보호자가 주변을 살피지 않고 횡단보도를 건너거나, 출입 금지된 장소에 아무렇지 않게 들어간다고 생각해 보세요. 보호자의 당당함에 아이는 보호자의 행동이 잘못됐다는 것을 인지하지 못할 거예요. 그렇게 아이는 자연스레 안전 불감증을 갖게 되지요. 아이 앞에서는 행동을 더 조심해야겠지요?

아이들은 특성상 속도 및 거리 추정 능력과 위험한 상황에 대처하는 능력이 떨어져요. 그래서 어른의 안전 불감증보다 위험한 상황이 더 많이 발생하지요. 우리 아이 안전 불감증을 고치기 위해선 보호자의 행동을 먼저 돌아봐야 해요. 그 후 아이에게 주의사항을 하나하나 자세히 알려 주어야 한답니다.

학교의 장소적 특성 이해하기

학교를 안전하게 잘 다니기 위해서는 학교의 장소적 특성을 이해하는 것이 중요해요. 어린이가 어떻게 다니느냐에 따라 학교는 안전한 곳이 될 수도, 위험한 곳이 될 수도 있거든요.

평소 학교 모습을 이야기해 볼게요. 쉬는 시간이 되면 아이들은 신나게 뛰어다녀요. 그러다 책상 또는 친구와 부딪혀요. 책상에는 날카로운 연필부터 뾰족한 자, 가위까지 자칫 잘못하면 흉기로 변할 수 있는 물건들이 놓여 있고, 아이들은 그런 학용품을 손에 쥐고 있지요. 사실 이런 풍경은 학교에서 익숙해요. 그래서 아이에게 수업 시간이 끝나면 가위 같은 뾰족한 물건은 필통에 넣어 두고, 좁은 공간에서 뛰지 말라고 이야기해 주세요. 그게 아이가 학교를 안전하게 다닐 수 있는 방법이에요. 학생 전체가 단체 활동을 한다고 가정해 볼게요. 만약 한 아이는 단체 활동에 잘 따르고, 한 아이는 개인 행동을 한다면 어떨까요? 개인 행동을 한 아이는 사고 날 위험이 높을 수 있어요. 단체 활동을 따르면 선생님의 지도 하에 있기 때문에 안전하지만, 개인 행동은 그렇지 않거든요.

학교는 몇백 명이 함께 생활하는 곳이에요. 그래서 담임 교사가 아이에게 이것저것 제재를 많이 가하지요. 만약 제재를 가하지 않으면 학교는 금세 난장판이 되고, 여러 사고가 발생할 거예요. 그러니 보호자가 먼저 학교의 특성을 이해해야 해요. 그리고 아이에게 주의사항과 학교 내 규칙을 지켜야 하는 이유를 말해 주는 것이 꼭 필요합니다.

만약 학교에서 안전사고가 발생한다면?

교육부에 따르면 하루 평균 300건 이상, 매년 10만 건이 넘는 학교 안전사고가 발생하고 있다고 합니다. 안전사고가 나면 학교에서는 어떻게 처리를 할까요? 학교마다 다르겠지만 대개 이런 과정을 거쳐요.

사고가 나면 가장 먼저 교사는 아이와 보건실로 가요. 보건 교사는 아이의 상태를 진단해 후속 조치를 내려요. 상처가 비교적 가벼운 경우 보건실에서 치료하고, 응급 상황이거나 병원으로 가야 한다고 판단되면 학부모에게 연락한 후 병원으로 향하지요.

사고 접수 후 담임 교사는 사고의 성격에 따라 학교 안전 공제회에 보상을 신청해요. 학교 안전 공제 급여는 학교에서 안전사고가 났을 때 치료비를 보상받을 수 있는 제도예요. 안전 공제회에 사고 경위를 써서 보상을 신청하면 안전 공제회는 청구한 날로부터 14일 내에 보상 여부를 결정해요. 학교 안전 공제 급여를 신청할 때 사고에 대한 증거 자료와 치료비 영수증, 장해가 예상될 경우 후유 장해 진단서 등의 증명 서류가 필요해요. 단, 피해자와 가해자가 있는 안전사고의 경우 가해자가 피해자에게 보상해 주는 것이 원칙이지요.

이처럼 안전사고 처리 방법은 중요해요. 하지만 무엇보다 가장 중요한 것은 사고가 발생하지 않도록 예방하는 거예요. 어린이가 안전하게 학교에 다닐 수 있도록 평소 안전에 대한 개념을 분명히 심어 주세요.